Saartje

en de zorgboerderij

Esther Vliegenthart

Colofon

Geschreven door:
Esther Vliegenthart

Illustraties van:
Esther Vliegenthart

Uitgegeven door:
Graviant educatieve uitgaven, Doetinchem

© november 2016

Dit werk is auteursrechtelijk beschermd.
Copyright en overige rechten blijven voorbehouden aan:
Graviant educatieve uitgaven, Doetinchem,
telefoon 0314-345400. Niets uit deze uitgave mag worden
verveelvoudigd en/of openbaar gemaakt door middel van druk,
fotokopie, microfilm of op welke wijze dan ook, zonder voorafgaande
schriftelijke toestemming van de uitgever.

ISBN 978-9491337932

Hoewel dit boek met zorg is samengesteld, aanvaarden de auteur
noch de uitgever enige aansprakelijkheid voor het feit
dat het gebruik van hetgeen geboden niet aan de behoeften
of de verwachtingen van de eindverbruiker voldoet, noch
voor eventuele fouten of onvolkomenheden.

Woord vooraf

Ik ben de trotse moeder van drie kinderen: twee lieve dochters en een prachtige zoon. Mijn zoon heeft autisme en ziet de wereld anders dan ik. Hij ervaart geluid, beeld en tast heel anders dan dat ik dat doe. Ik vond het daarom belangrijk dat er ook voorleesboeken kwamen die pasten bij zijn belevingswereld.

De boekjes over Saartje houden rekening met de taal- en prikkelverwerking van kinderen met (een vorm van) autisme, ADHD of TOS (taalontwikkelingsstoornis). De tekst is op rijm, wat de taalontwikkeling van kinderen stimuleert en het verhaaltje kort en duidelijk. De tekeningen geven de kern van iedere pagina weer. Het zijn boekjes met plaatjes in zachte kleuren, met ogen die de kinderen niet direct aankijken en geschreven vanuit hun wereld.

"Saartje en de zorgboerderij" laat zien wat een zorgboerderij is en wat kinderen daar allemaal kunnen doen. Het verhaal is geïnspireerd op de dagen zoals mijn zoon die meemaakt op zijn boerderij. Klusjes worden afgewisseld met spelen en dat allemaal binnen een dagstructuur. Dit boekje vertelt niet alleen een leuk verhaal, maar kan ook een prima voorbereiding zijn voor kinderen die binnenkort zelf naar de zorgboerderij gaan.

Ik wens alle ouders en kinderen met en zonder autisme veel plezier bij het lezen van de verhalen over Saartje.

Midden in een heel groot bos
Net voorbij de paddenstoel
Staat een heel lief eekhoornhuisje
Je ziet vast al welke ik bedoel

Daar woont Saartje met haar ouders
En met haar knuffel muis
Vandaag gaat Saartje
naar de zorgboerderij
En blijft muis een dagje thuis

Als Saartje dan haar laarzen aan heeft
Roept papa "Saartje kom, we gaan!"
Op de zorgboerderij mag Saartje spelen
Er moeten ook klusjes worden gedaan

Op de boerderij hangt een groot bord

Met kaartjes waarop staat

Bij welke klusjes Saartje helpen mag,

Wat er vandaag gebeuren gaat

Op haar eerste kaartje staat
Een plaatje van een bruin konijn
Saartje mag hem lekker eten geven
Dat vindt het konijn heel fijn

Als ze hem ook heeft geknuffeld
Is het tijd voor kaartje twee
"Joepie, dat is leuk!", roept Saartje
"Ik mag op de tractor mee"

2

Dus gaat ze samen met de boer
Een stukje rijden op het land
En de ploeg achter de tractor
Trekt diepe geulen in het zand

Daarna heeft Saartje nog wat tijd
En mag ze in de hooiberg spelen
De boerderij is echt heel leuk
Saartje zal zich niet vervelen!

Als het middageten op is
Is het tijd voor nog meer dingen
Saartje mag nu buiten spelen:
fietsen en trampoline springen

Na dat uurtje heerlijk spelen
Staat er nog één klusje op het bord
Saartje mag de stal nog vegen
Ze zorgt dat alles netjes wordt

Aan het einde van de dag
Als alle klusjes zijn gedaan
Komt papa haar met muis weer halen
Het is tijd om weer naar huis te gaan

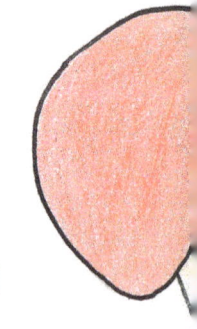

Als Saartje dan weer thuis is
Moet ze gapen, ze is zo moe
Na het eten en haar warme bad
Gaat ze graag naar bedje toe

Nu gaat Saartje lekker slapen
Dromen van de fijne dag
Ze droomt dan van alle dieren
En van wat ze morgen spelen mag

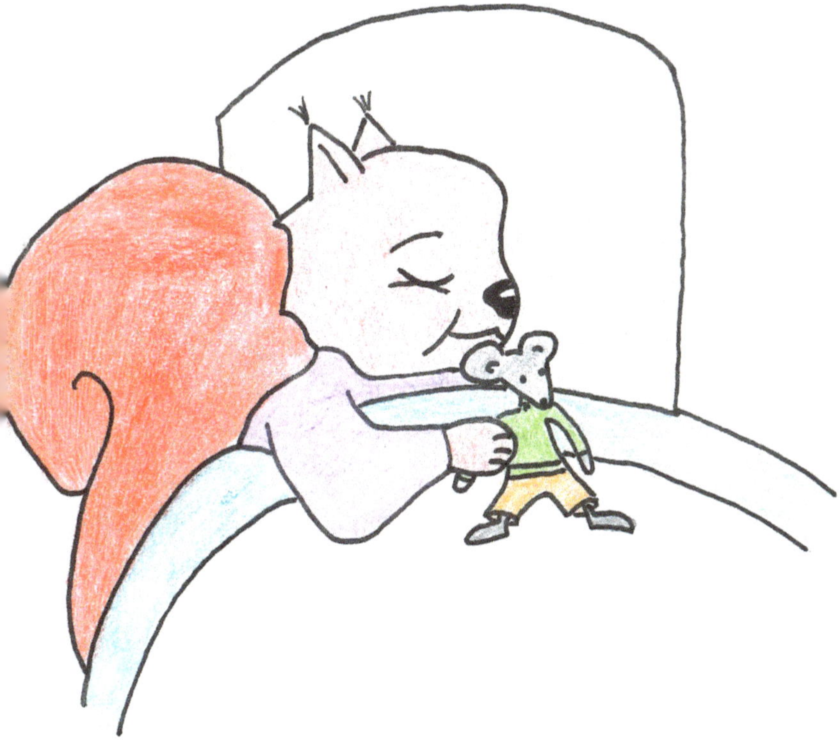

Over dit boek

Kinderen met autisme hebben een andere kijk op de wereld, beleven de wereld anders. Toch verwacht men vaak dat ze zich aanpassen aan onze wereld en beleving. Dat kost henvaak veel energie en soms ook frustratie. Daarom vond ik het belangrijk dat er voorleesboekjes kwamen die afgestemd zijn op de taal- en prikkelverwerking van kinderen met autisme, ADHD of TOS, niet óver hen, maar vóór hen. Met verhalen die aansluiten bij hun belevingswereld, waarin ze iets van zichzelf kunnen herkennen.

"Saartje en de zorgboerderij" is tot stand gekomen vanuit de belevingswereld van mijn zoon Marijn. Hij heeft mij verteld wat het leukst is van de zorgboerderij en wat zeker in een boekje over de zorgboerderij moest komen te staan. "Mam, vergeet vooral de hooiberg niet!" De dag van Saartje op de zorgboerderij is geïnspireerd op de dagstructuur zoals die er is bij zorgboerderij Bernerboefjes, waar mijn zoon wekelijks naartoe gaat. De kinderen leren er op een ontspannen manier, zijn aan het werk en mogen er spelen en ieder naar eigen kunnen.

Ik wil de zorgboerderij dan ook hartelijk danken voor hun liefdevolle zorg aan alle kinderen die bij hen komen!

www.ingramcontent.com/pod-product-compliance
Lightning Source LLC
Chambersburg PA
CBHW040230170426
42813CB00113B/2662